Liebe Eltern,

jedes Kind ist anders. Eines kennt bereits alle Buchstaben in der Vorschule und kann sie zu Wörtern formen. Ein anderes lernt das Abc beim Eintritt in die Schule. Für das spätere Leseverhalten ist das völlig unerheblich. Wichtig aber ist der Spaß am Lesen – und zwar von Anfang an. Darum muss sich die konzeptionelle Entwicklung von Lesetexten an den unterschiedlichen Lernentwicklungen der Kinder orientieren. Unser Bücherbär-Erstleseprogramm umfasst deshalb verschiedene Reihen für die Vorschule und die ersten beiden Schulklassen. Sie bauen aufeinander auf und holen die Kinder dort ab, wo sie sind.

Die Bücherbär-Reihe *Kleine Geschichten* richtet sich an Leseanfänger im zweiten Halbjahr der 1. Klasse. Die kurzen Geschichten rund um ein beliebtes Thema sind besonders gut zum allerersten Selberlesen.

In Zusammenarbeit mit
westermann

Volkmar Röhrig
Spannende Ponygeschichten

Dieses Buch gehört:

Volkmar Röhrig

wurde 1952 in Lützen bei Leipzig geboren. Er studierte
Germanistik und Kulturwissenschaft und begann bereits
während dieser Zeit, Hörspiele für Jugendliche zu schreiben.
Er arbeitete u. a. als Hörspieldramaturg, Regieassistent und
Lektor. Seit 1981 ist er freiberuflicher Autor und schreibt
erfolgreiche Hörspiele sowie Kinder- und Jugendbücher.

Sonja Egger

wurde 1967 in Graz geboren. Sie studierte das Fach
Bühnenbild an der Universität für Darstellende Kunst in
Wien und absolvierte eine Grafik-Ausbildung. Seit einigen
Jahren ist sie als freischaffende Illustratorin für
verschiedene Verlage tätig.

Volkmar Röhrig

Spannende Ponygeschichten

Mit Fragen zum Leseverständnis

Bilder von Sonja Egger

Arena

1. Auflage 2017
© Arena Verlag GmbH, Würzburg 2017
Alle Rechte vorbehalten
Einband und Illustrationen: Sonja Egger
Gesamtherstellung: Westermann Druck Zwickau GmbH
ISBN 987-3-401-70906-2

www.arena-verlag.de

Inhalt

Auf dem Ponyhof

„Das werden tolle Reiterferien!",
verspricht Herr Meier,
der Besitzer des Ponyhofs.
Anna, Lisa und Jule
tuscheln ganz aufgeregt.
Lukas ist etwas unsicher.
Er ist der einzige Junge.

„Wer ist schon mal geritten?",
fragt die Reitlehrerin Ute.

„Hier, ich!", ruft Anna stolz.

Lukas lacht und sagt:
„Was, Schaukelpferd?"

Aber niemand lacht mit.

Alle Mädchen heben die Hände.

„Und du, Lukas?", fragt Ute.

„Na ja", murmelt er.

„Ich war mal in Texas,
da hab ich Westernpferde geritten."

„Ein richtiger Cowboy!", staunt Ute.

„Ha!", sagt Anna.

„Das wollen wir sehen!"

Unterwegs zu den Zimmern
zeigt Herr Meier den Ponyhof.
Die Reithalle ist hell
und der Ponystall groß.
Die Tore zur Koppel
stehen weit offen.
„Wir haben hier Aktivhaltung",
sagt Herr Meier.
„Wisst ihr, was das heißt?"
„Klar!", antwortet Anna.
„Die Tiere stehen nicht in Boxen,
sondern können frei umherlaufen,
im Stall und auf der Weide."
Herr Meier nickt und sagt:
„Das ist ganz richtig."
Pferde sind Herdentiere
und nicht gern allein.
So fühlen sie sich wohl."

„Aber da sind doch Boxen",
stellt Lisa fest.
Herr Meier erklärt:
„Die brauchen wir,
wenn mal ein Tier krank ist."
In einer Box steht ein Pony.
Es hat einen dicken Bauch.
„Ist es krank?", fragt Jule.
Herr Meier schmunzelt.
„Nein, das ist unsere liebe Trixi.
Sie bekommt bald ein Fohlen."

Nebenan ist die Sattelkammer.
Hier steht auch ein Holzpferd.
Das ist ein runder Stamm
mit Pferdekopf, Sattel und Beinen.
„Damit üben die Anfänger", sagt Ute.
„Aber das braucht ihr ja nicht."
Heimlich mustert Lukas
das Holzpferd.

Auf der Koppel

galoppieren Ponys ausgelassen umher.

Einige liegen im Schatten der Bäume.

Andere suhlen sich in Sandkuhlen.

„Manche schlafen sogar nachts

lieber draußen als im Stall",

sagt Herr Meier.

Ute zeigt zum Ende der Koppel.

„Lukas, die bunt gefleckten

sind unsere Westernponys.

Mit denen kannst du den Mädchen

deine Reitkünste zeigen."

Lukas stupst Ute an
und flüstert verlegen:
„Ich habe beim Westernreiten
nur zugeguckt.
Kannst du mir das beibringen?"
„Natürlich!", flüstert Ute zurück.
„Wir üben heimlich,
das merken die Mädchen nicht!"

 Wie leben die Pferde in Aktivhaltung?

Lisa und Sina

Lisa steht am Koppelzaun.
Sie schnalzt mit der Zunge.
Ein Pony spitzt die Ohren,
hebt den Kopf
und trabt auf sie zu.
Es hat braunes Fell
und eine lange blonde Mähne.

17

Das Pony schnuppert an ihr.

Lisa krault seinen Hals.

Das gefällt dem Pony.

„Ich hab einen Apfel für dich",

sagt Lisa.

Das Pony frisst ihn

und leckt ihre Hand.

Sofort traben andere Ponys heran.

„Ich hab keine Äpfel mehr",

bedauert Lisa lachend.

Die Reitlehrerin Ute kommt.
„Du hast ja schon eine Reitkappe",
staunt sie, „und Handschuhe,
sogar Reitstiefel."
Lisa nickt stolz.
„Toll", antwortet Ute.
„Nun müssen wir noch
ein Pony für dich finden."
Lisa schüttelt den Kopf.
„Ich hab schon eins",
antwortet sie
und streichelt das braune Pony.
Ute lächelt und sagt:
„Das ist Sina,
eine ganz liebe Shetland-Stute."

Lisa umarmt Sina und fragt leise:
„Wollen wir zusammen reiten?"
Sina stupst Lisa an
und leckt ihre Wange.
„Das werden die schönsten Ferien!",
jubelt Lisa.

Warum bekommen die anderen Ponys
keine Äpfel?

Die Gewitternacht

Jule hat ein Lieblingspony,
das heißt Lucky.
Jeden Tag
striegelt und putzt sie es
ganz gründlich.
Manchmal verwöhnt sie
ihren lieben Lucky
mit Leckerli.

In der Reithalle trägt Lucky
einen besonderen Sattel
mit Griffen und einer Auflage.
Darauf kann Jule sogar stehen,
denn sie übt richtige Kunststücke.

Nachts tobt ein Gewitter.

Jule erwacht vom Donnerkrachen.

Sie hat etwas Angst,

vor allem um Lucky.

Blitze zucken,

als sie zum Stall läuft.

Lucky ist ganz unruhig.

„Hab keine Angst", sagt Jule.

„Das ist nur ein Gewitter."

Dann hört sie leises Wiehern.

Es ist die schwangere Trixi.

Plötzlich legt die sich ins Stroh.

Sie krümmt sich und zuckt.

Jule rennt

zu Herrn Meyers Haus.

Zurück im Stall
beobachten Jule und Herr Meier
das schwangere Pony.
Es krümmt sich immer noch.
„Stirbt es?", fragt Jule besorgt.
„Nein", beruhigt sie Herr Meier.

Plötzlich streckt sich Trixi.
Dann kommen
unter ihrem Pferdeschwanz
zwei Hufe heraus.
Danach erscheint der Kopf.
Und schließlich liegt
das kleine Fohlen im Stroh.
Es ist ganz nass und hilflos.
Herr Meier gibt Jule
ein Bündel Stroh und sagt:
„Wir reiben es trocken."

25

Trixi springt auf
und leckt ihr Kind ab.
Mit wackligen Beinen
stellt sich das kleine Fohlen
neben seine Mutter.
Es schiebt seinen Kopf
unter ihren Bauch
und beginnt zu trinken.

„Geschafft, alles ist gut!",
sagt Herr Meier erleichtert.
„Weißt du, wer sein Vater ist?"
Jule schüttelt den Kopf.
„Dein Freund Lucky", sagt er.
„Das kleine Pony-Mädchen
braucht noch einen Namen.
Nennen wir es Jule?"
Jule ist überglücklich.

Später liegt Jule wieder in ihrem Bett,
aber schlafen kann sie nicht.
Das Gewitter ist vorbei.
Doch nun gibt es ein kleines Fohlen,
das ihren Namen trägt.

Warum legt Trixi sich hin?

28

Der Cowboy

Ganz früh steht Lukas
in der Sattelkammer
beim Holzpferd.
Dreimal hat er schon versucht,
in den Sattel zu steigen.
Er hat es nicht geschafft.

Die Reitlehrerin kommt zu ihm.

„Na, Cowboy?", fragt Ute.

Lukas stöhnt:

„Ich lerne das nie!

Ich blamiere mich nur

vor den Mädchen!"

Ute reicht ihm die Hand.

„Los, Cowboy,

wir üben zusammen!"

Ute zeigt ihm,

wie man sich

auf ein Pferd schwingt.

Beim ersten Versuch

rutscht Lukas

aus dem Steigbügel.

Dann nimmt er zu viel Schwung
und fliegt übers Holzpferd.
Beim dritten Mal ist er im Sattel.
„Geht doch!", sagt Ute.
„Na ja", murmelt Lukas.
Danach lernt er,
richtig auf dem Pferd zu sitzen.
„Prima!", lobt Ute.
„Jetzt üben wir das
mit einem richtigen Pony."

„Das ist Präriewind", sagt Ute.

Präriewind tänzelt ungeduldig.

Lukas fragt nervös:

„Kann es auch ruhig stehen?"

Ute lacht. „Los, in den Sattel!"

Lukas schafft es beim ersten Mal.

Aber er sitzt sehr unsicher.

Ute erklärt:

„Beim Westernreiten

brauchst du kaum die Zügel.

Mit der linken Hand

hältst du dich am Sattel fest."

Lukas nickt und versucht es.

Ute fragt: „Wozu braucht der Cowboy

die rechte Hand?"

Lukas überlegt,

dann sagt er: „Für das Lasso?"

Ute lacht. „Genau!"

Präriewind läuft an Utes Leine.
Zuerst klammert sich Lukas
mit beiden Händen an den Sattel.
Aber er wird immer sicherer.
Und irgendwann hebt Lukas
die rechte Hand und ruft:
„Hurra, ich kann es!"

Plötzlich kommen die Mädchen
in die Reithalle.
„Du kannst ja Westernreiten,
ganz ohne Zügel!", staunt Lisa.
Lukas schwingt stolz
das Lasso in der Hand.
„Wow!", ruft Anna.
„Du bist ja wirklich ein Cowboy!"

Wofür braucht ein Cowboy beim Reiten
die rechte Hand?

Große Aufregung

In der Nacht sind Wildschweine
aus dem Wald
auf die Koppel gekommen.
Sie haben den Zaun zerstört.
Deshalb ist ein Pony weggelaufen.
Es ist Fee, Annas Ferien-Pony.
Fee schläft nachts oft draußen.
„Bestimmt haben sie
die Wildschweine erschreckt",
vermutet Herr Meier.
„Ich werde sie im Wald suchen."
„Ich komme mit", sagt Anna.
Da rufen alle Kinder:
„Wir suchen mit!"

In Gruppen streifen sie
durch den Wald.
Anna sucht mit Ute.
„Haben die Wildschweine
Fee etwas getan?",
fragt Anna besorgt.
„Nein!", antwortet Ute.
„Das Pony ist nur weggerannt."

„Fee, Fee, wo bist du?",
ruft Anna immer wieder.
Plötzlich sieht sie das Pony
zwischen den Bäumen.
Es zittert am ganzen Körper.
Anna streichelt und beruhigt es.
„Fee, hab keine Angst mehr.
Ich bin doch da!"

Warum ist das Pony
in den Wald gelaufen?

Das Fest

Am letzten Ferientag
gibt es ein großes Fest.
Die Kinder haben
ihre Ponys geschmückt,
mit Bändern und Schleifen.
Auch Kostüme haben sie gebastelt.
Viele Besucher sind gekommen.
Nun zeigen
Jule, Anna, Lisa und Lukas,
was sie gelernt haben.

Jule führt als Zauberin
ihre Kunststücke vor.
Freihändig steht sie
auf Luckys Rücken.

Anna ist eine Prinzessin.
Ihr Pony Fee tänzelt im Kreis
wie ein Zirkuspferd
und verbeugt sich
vor dem Publikum.

Lisa reitet als Indianerin
auf Sina über den Platz.
Dabei zersticht sie Luftballons
mit einem Speer.
Die Besucher sind begeistert.

Dann kommt Lukas auf Präriewind.
Im Galopp wirbelt er
sein Lasso durch die Luft.
Doch es fliegt ihm aus der Hand.
„Schade!",
und: „Das ist Pech!",
rufen die Leute.
Aber Lukas reitet zurück.
Dabei rutscht er plötzlich
vom Pony.
Nur eine Hand ist noch am Sattel.
Die andere streift über den Boden.
Erschrocken schreien die Leute auf.
Ute will zu ihm rennen.

Doch das Pony galoppiert zurück
zum Lasso auf dem Boden.
Lukas hebt es auf und zieht sich
wieder hoch in den Sattel.
Dann wirbelt er stolz
sein Lasso durch die Luft.
Und alle klatschen begeistert.

„He, Cowboy", sagt Ute zu Lukas.
„Du hast mir gerade
einen großen Schreck eingejagt!"
Aber Lukas antwortet lachend:
„Das Fallen
habe ich doch heimlich geübt!"

Zum Abschluss bekommen
Jule, Anna, Lisa und Lukas
Urkunden für die Reiterferien.
Dann gibt es Bratwürste für alle.
„Na, wie waren die Ponyhof-Ferien?",
fragt Herr Meier.
„Super!", jubeln die Kinder im Chor.

Was hat Lukas heimlich geübt?

43

Lösungen

Auf dem Ponyhof

Die Tiere können im Stall und auf der Weide frei umherlaufen und stehen nicht in Boxen.

Lisa und Sina

Lisa hat nur einen Apfel, und den gibt sie Sina.

Die Gewitternacht

Trixi legt sich hin, weil die Geburt beginnt.

Der Cowboy

In der rechten Hand hält der Cowboy das Lasso.

Große Aufregung

Weil die Wildschweine es erschreckt haben.

Das Fest

Lukas hat geübt, sich vom Pony fallen zu lassen.

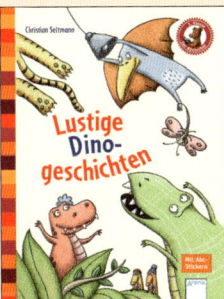

**Spannende Pferde-
geschichten**
978-3-401-70847-8

**Lustige Gespenster-
geschichten**
978-3-401-70167-7

**Lustige Dino-
geschichten**
978-3-401-70563-7

Elfengeschichten
978-3-401-70374-9

Jeder Band: Ab 6/7 Jahren • Kleine Geschichten • Durchgehend farbig illustriert
48 Seiten • Gebunden • Format 15,9 x 21,1 cm

**Mit Bücherbärfigur
am Lesebändchen
und Fragen zum
Leseverständnis**

Zeilentrennung
nach Sinneinheiten

Sehr einfache Textgliederung für
das erste Lesejahr

Große
Fibelschrift

Hoher Illustrations-
anteil

Innenseite aus »Mammutjäger-Geschichten«
ISBN 978-3-401-09771-8

Die kurzen Geschichten rund um ein beliebtes Thema sind besonders gut zum
allerersten Selberlesen geeignet. Durch die klare Textgliederung und die vielen
farbigen Illustrationen ist das Lesen ganz leicht.

In Zusammenarbeit mit
westermann